MS KOMPAKT

Dr. Katharina Leeners

Richtig essen bei Multipler Sklerose
Das neue MS-Kochbuch

dmv

Deutscher Medizin Verlag

Senden 2014

MS KOMPAKT

Dr. Katharina Leeners

Richtig essen bei Multipler Sklerose
Das neue MS-Kochbuch

Redaktion, Wiss. Beratung, Realisation:
Institut für Medizin & Wissenschaft, Senden
Gestaltung: promedici®, Senden

dmv

Deutscher Medizin Verlag, Senden (Westfalen)
Unveränderter Nachdruck, © dmv 2014

Dr. Waldmann GmbH, Daimlerstr. 55, 48308 Senden
Tel. 0 25 97 991300, E-Mail: info@dmv-direkt.de

ISBN 978-3-936525-57-1

Inhalt

Essen und Trinken hält Leib und Seele zusammen

Essen und Trinken verbinden täglich Angenehmes mit Notwendigem. Gesunde Ernährung trägt entscheidend zu Wohlbefinden und ausgewogenem Körpergewicht bei. Zusätzlich kann eine gezielte Nahrungsmittelauswahl ernährungsbedingten Erkrankungen vorbeugen, weil bestimmte biologische Prozesse positiv beeinflusst werden. Gerade bei entzündlichen Erkrankungen wie MS lohnt es sich deshalb für Betroffene, die eigenen Ernährungsgewohnheiten genauer zu betrachten. So können Sie selbst in Ihrer Küche einen positiven Beitrag zur Bewältigung der Krankheit leisten.

Einige Fettsäuren, Vitamine und Spurenelemente nehmen bei der MS-spezifischen Problematik eine Schlüsselposition ein: Die wichtigsten sind Arachidonsäure, Omega-3-Fettsäuren, Vitamin C, Vitamin E, ß-Karotin und die Spurenelemente Kupfer, Selen und Zink. Eine grundlegende Darstellung der Zusammenhänge von Ernährung und MS sowie ein ausführliches Tabellenwerk finden Sie im Buch „Ernährungsrichtlinien bei MS" von Olaf Adam, das wir Ihnen besonders empfehlen möchten.

Unsere ausgewählten Rezepte sind besonders gut für eine spezifische Ernährung bei MS geeignet. Sie finden zusätzlich Tipps für die Essenszubereitung und nützliche Hinweise für die ganze Familie. Alle Rezepte sind aus gängigen Zutaten zusammengestellt und ohne großen Aufwand zuzubereiten. Damit können Sie Zeit und Kräfte für andere schöne Dinge sparen.

Ich wünsche Ihnen viel Freude beim Kochen und beim Essen „Guten Appetit!"

Katharina Leeners

Ernährung und entzündliche Prozesse bei MS

Multiple Sklerose ist charakterisiert durch eine Entzündung des zentralen Nervensystems. Einige Bestandteile von Nahrungsmitteln können diese entzündlichen Prozesse positiv beeinflussen. Was steckt dahinter?

Gut bei MS – pflanzliche Lebensmittel sind frei von Arachidonsäure

Arachidonsäure
in Lebensmitteln tierischen Ursprungs insbesondere Innereien, Fleisch und Wurstwaren, Butter, Eigelb, fettreichem Käse, Sahne, Schweineschmalz, Rindertalg, Kokosnussfett, Palmkernfett

Unser Körper reagiert auf die Fettsäure Arachidonsäure mit einer Verstärkung von Entzündungsreaktionen. Je mehr Arachidonsäure im Angebot ist, desto mehr entzündungsfördernde Stoffe (Eicosanoide) werden gebildet. Arachidonsäure, als mehrfach ungesättigte Fettsäure, wird aus der Nahrung aufgenommen oder kann vom Körper aus ihrer Vorstufe Linolsäure produziert werden. Die Rolle der Linolsäure ist noch umstritten. Zur Verminderung der Entzündung ist es sinnvoll, nur begrenzt Arachidonsäure mit der Nahrung aufzunehmen. Arachidonsäure finden sich in allen tierischen Produkten. Besonders reich an Arachidonsäure sind Eigelb, Fett (Haut und Speck), Fleisch, Fisch und Innereien. Fettarme Milch und Milchprodukte sind relativ arm an Arachidonsäure. Pflanzliche Lebensmittel sind frei von Arachidonsäure.

In der Therapie bewährt – Omega-3-Fettsäuren bei MS

Omega-3-Fettsäuren
insbesondere in Makrele, Hering, Thunfisch, Lachs und Heilbutt, Leinöl, Walnussöl, Rapsöl, Sojaöl

Omega-3-Fettsäuren sind in der Lage Arachidonsäure zu verdrängen. So kann die Bildung der Eicosanoide verringert und die Entzündungsreaktion bei MS gehemmt werden. Dieser Effekt wird in der Therapie schon lange erfolgreich genutzt. Durch einen bewussten Umgang mit mehrfach ungesättigten Fettsäuren lässt sich das Entzündungsgeschehen positiv beeinflussen.

Omega-3-Fettsäuren können auf natürlichem und gesundem Weg mit der Nahrung aufgenommen werden. Ein wichtiger Vertreter ist die Eicosapentaensäure, die besonders reich-

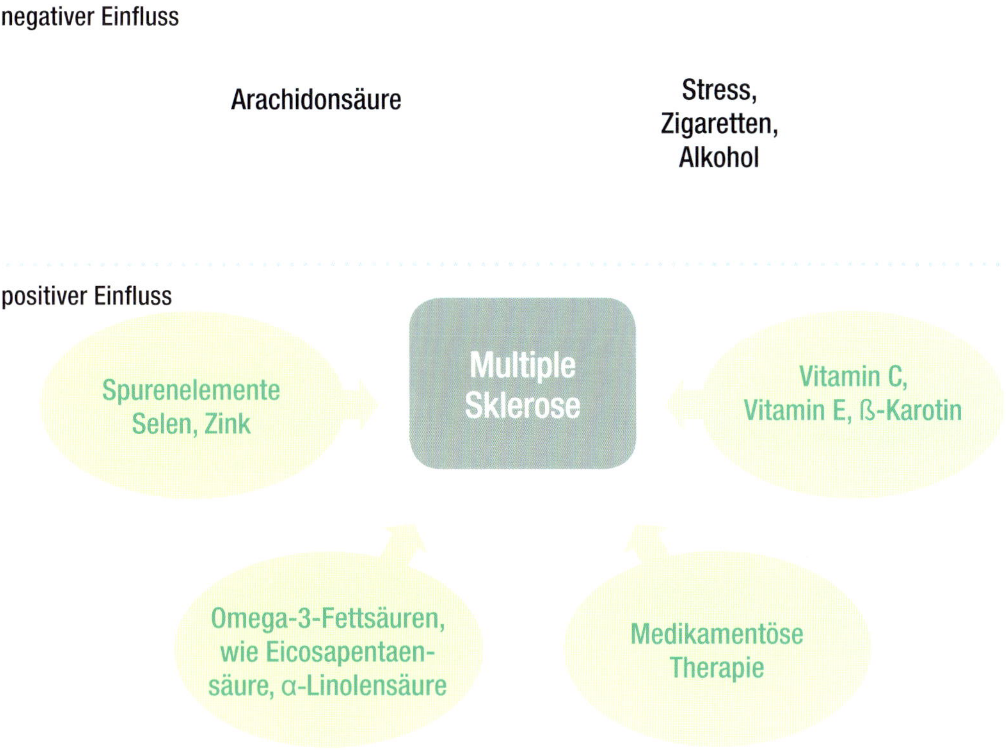

Einfluss von Ernährungs- und Umweltfaktoren auf das Entzündungsgeschehen bei MS

haltig in Fischöl vorkommt. α-Linolensäure als Vorstufe der Eicosapentaensäure unterstützt diesen Prozess.
Durch die richtige Auswahl von Lebensmitteln können Sie ausreichend Omega-3-Fettsäuren zu sich nehmen. Fischölkapseln sollten zusätzlich nur nach vorheriger Rücksprache mit dem behandelnden Arzt eingenommen werden.

Schlecht bei MS – Stress verstärkt das Entzündungsgeschehen

Bei Infekten und entzündlichen Prozessen im Körper, aber auch bei außerordentlicher körperlicher, geistiger oder psychischer Belastung entstehen im Körper reaktive Stoffwechselprodukte wie freie Sauerstoffradikale. Gehirn und Rückenmark reagieren darauf besonders empfindlich.
Äußere Faktoren wie Zigarettenrauchen, erhöhter Alkoholgenuss oder UV-Strahlen können die Bildung von freien Radikalen zusätzlich fördern.

Vitamin C

insbesondere in Obst und Gemüse wie Hagebutte, Sanddornbeere, Schwarzer Johannisbeere, Petersilie, Grünkohl, Rosenkohl, Brokkoli, Paprika, Zitrusfrüchte

Vitamin E

insbesondere in pflanzlichen Ölen wie Weizenkeimöl, Sonnenblumenöl, rotem Palmöl und Olivenöl

ß-Karotin

insbesondere in tiefgelben bzw. rot/orangen Früchten und Gemüsen sowie in dunkelgrünem Blattgemüse wie Karotten, Spinat, Tomaten, Paprika, Aprikosen, Kirschen, Grapefruits, Rote Bete, Papaya, Broccoli, Petersilie und Feldsalat

Kupfer

insbesondere in Innereien (besonders Leber), Schalentieren, Nüssen, Kakao, Weizenkleie, Weizenkeimen, Aprikosen (getrocknet), Sonnenblumenkernen, Linsen, Erbsen und roten Bohnen

Selen

insbesondere in Innereien, Fisch und Schalentieren, Eiern, Sojabohnen, Steinpilzen, Kokosnüssen, Nüssen, Linsen und Spargel

Zink

insbesondere in Innereien, Muskelfleisch, Milchprodukten, verschiedenen Fischarten und besonders Schalentieren (Muscheln), Getreide (Weizenkeimen), Eigelb, Mohn, Sonnenblumenkernen, Leinsamen, Sojabohnen, Nüssen, Linsen und Erbsen

Hilfe aus der gesunden Ernährung – Vitamine und Spurenelemente

Unser Körper ist in der Lage, sich gegen freie Radikale zur Wehr zu setzen. Körpereigene antioxidative Enzyme können sie abfangen und zu unschädlichen Folgeprodukten umwandeln. So genannte Antioxidantien und Spurenelemente in der Nahrung unterstützen diese Wirkung. Als wichtige Vertreter gelten **Vitamin C**, **Vitamin E** und **ß-Karotin** zusammen mit den Spurenelementen **Kupfer**, **Selen** und **Zink**.

Besonders bei entzündlichen Erkrankungen wie MS ist bei der Ernährung auf diese Vitamine und Spurenelemente zu achten. Häufig wird empfohlen, das Menschen mit entzündlichen Erkrankungen mehr als gesunde Menschen von diesen Vitaminen und Spurenelementen zu sich nehmen (Tab. 1). Nahrungsergänzungsmittel wie Vitaminkapseln oder Spurenelemente sollten dennoch zusätzlich nur nach vorheriger Rücksprache mit dem behandelnden Arzt eingenommen werden. „Zu viel des Guten" ist häufig auch nicht besser.

Tab. 1: Empfohlene Tageszufuhr von Antioxidantien bei MS

	ß-Karotin [mg]	Vit C [mg]	Vit E [mg]	Selen [µg]	Zink [mg]
Gesunde	2,0–4,0	100	12,0	70	10
MS-Erkrankte geringe / hohe Aktivität	15,0 /15,0	100 / 200	100 / 200	100/200	15/30

Kalzium ist wichtig gegen Osteoporose

Bei der Osteoporose wird mehr Knochensubstanz abgebaut, als aufgebaut. Die Knochendichte nimmt ab. Dadurch wird der Knochen instabil und ist wesentlich anfälliger für Knochenbrüche.
Osteoporose kann vielfältige Ursachen haben. Allgemein nimmt die Knochendichte im Alter ab. Im Zusammenhang mit MS tritt die Erkrankung häufiger durch mangelnde Bewegung oder Kortisontherapie auf.
Durch eine gesunde und ausgewogene Ernährung kann der Verlauf beeinflusst werden. Dabei wird besonders auf eine ausreichende Kalzium- und Vitamin D-Zufuhr geachtet. Zusätzlich ist eine ausreichende körperliche Bewegung wichtiger Bestandteil der Vorbeugung und Behandlung.

Kalzium

insbesondere in Milch und Milchprodukten, Grünkohl, Broccoli, Spinat, Fenchel, Porree, Schwarzwurzeln, Löwenzahn, Nüsse und Mandeln, Mineralwasser

Ballaststoffe für eine gesunde Verdauung

Verstopfung ist einer der häufigsten Zivilisationskrankheiten. Sie ist mit Anstrengung und Schmerzen bei der Entleerung verbunden und kann Symptome wie Blähungen, Übelkeit, Bauchschmerzen oder Krämpfe hervorrufen. Die häufigste Ursache für eine Verstopfung ist Bewegungsmangel sowie eine ballaststoffarme Ernährung. Aber auch wenn nicht ausreichend stilles Wasser getrunken wird oder zu viel an koffeinhaltigen Getränken oder Alkohol, wird der Stuhl hart und trocken.
Ballaststoffe (Obst, Gemüse, Vollkornprodukte) binden Wasser im Verdauungstrakt und sorgen so für eine Erhöhung des Stuhlvolumens. Auf die Darmwände wird dadurch Druck ausgeübt und die Verdauungstätigkeit angeregt. Unterstützt wird dieses außerdem durch ausreichende Flüssigkeitszufuhr.

Ballaststoffe

insbesondere in Vollkornprodukten (Vollkornbrot, Vollkornnudeln usw.), Vollkornprodukten mit Zusatz von Kleie, Hülsenfrüchten (Bohnen, Linsen ...), Nüssen, Getreideflocken (Haferflocken, Weizenflocken, Dinkelflocken ...), Naturreis, Obst und Gemüsen

Lebensmittelempfehlungen im Überblick

Fette und Öle

Verzichten Sie möglichst auf tierische Fette. Bevorzugen Sie pflanzliche Fette und Öle mit hohem α-Linolensäure-Anteil, besonders Weizenkeim-, Raps-, Walnuss- und Sojaöl sowie Diät- bzw. Halbfettmargarine.

empfehlenswert	begrenzt empfehlenswert
Weizenkeimöl, Rapsöl, Walnuss, Sojaöl, Leinöl, natives Olivenöl, Kürbiskernöl, Distelöl, Sonnenblumenöl, Pflanzliche Margarine mit hohem Anteil an ungesättigten Fettsäuren	tierische Fette wie Schweineschmalz, Butter

Milch und Milchprodukte

Milchprodukte sind wegen des Kalziumgehalts wichtig für die tägliche Ernährung. Bevorzugen Sie fettarme Milchprodukte (0,1–1,5 % Fett).

empfehlenswert	begrenzt empfehlenswert
fettarme Milchprodukte wie Milch, Buttermilch, Joghurt, Quark, Käse (unter 45 % i. Tr.)	fettreiche Zubereitungen von Milch, Joghurt, Quark, Käse (über 45 % i. Tr.), Sahne

Eier

Essen Sie nicht mehr als zwei Eigelb pro Woche. Meiden Sie eigelbhaltige Produkte und verwenden Sie statt dessen Ei-Ersatzprodukte.

empfehlenswert	begrenzt empfehlenswert
pflanzliche Bindemittel, Hartweizengrießnudeln, Gebäck ohne Eigelb	Eigelb, Ei-haltige Produkte wie Ei-Nudeln, Ei-haltiges Gebäck

Geflügel und Fleisch

Reduzieren Sie den Fleischkonsum auf maximal zwei kleine Fleischmahlzeiten in der Woche (à 150 g mageres Fleisch). Tofugerichte sind ein guter Fleischersatz.

empfehlenswert	begrenzt empfehlenswert
Hühnchen ohne Haut, mageres Fleisch wie Putenfilet, Rinderfilet, Schweinefilet, Schinken ohne Speck	fettreiches Fleisch, Speck, Hähnchen mit Haut, Wurst, Innereien wie Leber, Nieren

Fische und Meerestiere

Essen Sie mindestens 2 x pro Woche Fisch. Er enthält wertvolle Omega-3-Fettsäuren und Selen.

empfehlenswert

frischer Fisch, als Ergänzung fiefgekühlter Fisch. Besonders reich an Omega-3-Fettsäuren sind Wildlachs, Makrele und Hering

begrenzt empfehlenswert

Fischprodukte aus Gläsern und Konservendosen in ölreichen Zubereitungen, panierter und in Fett ausgebackener Fisch

Gemüse und Obst

Essen Sie täglich 3–5mal möglichst frisches oder tiefgefrorenes Obst und Gemüse.

empfehlenswert

frisches Obst und Gemüse, frische Kräuter, im Winter auch Tiefkühlware, Trockenobst

begrenzt empfehlenswert

Obst und Gemüse in Gläsern und Konservendosen, fettreiche Zubereitungen

Nüsse, Samen, Hülsenfrüchte, Pilze

Ergänzen Sie Ihren Speiseplan täglich um Vollkornprodukte.

empfehlenswert

Vollkornbrot oder Haferflocken, Hülsenfrüchte, Getreide, Pilze, Nüsse und Mandeln, Sonnenblumenkerne, Kürbiskerne

begrenzt empfehlenswert

Weißes Mehl und alle Produkte daraus wie Nudeln, Brot oder Kuchen

Getränke

Trinken Sie möglichst zuckerfreie, kalorienarme Getränke. Meiden Sie möglichst Kaffee und Alkohol.

empfehlenswert

Obst- und Gemüsesäfte (möglichst frisch gepresst), Mineralwasser, Schorlen, Kräuter- und Früchtetee

begrenzt empfehlenswert

Kaffee, Limonade, Cola, Alkohol

„Normalgewicht“ – ja oder nein?

Als Berechnungsgrundlage für die Gewichtsklassifikation dient dabei der sogenannte Körpermassenindex (BMI=Body Mass).

Der BMI berechnet sich aus dem Körpergewicht in Kilogramm (kg) dividiert durch die Körpergröße in Meter (m) zum Quadrat:

$$\text{BMI} = \frac{\text{Körpergewicht [kg]}}{\text{Körpergröße [m]}^2}$$

Der „wünschenswerte“ BMI hängt vom Alter ab. Unten stehende Tabelle zeigt den Normalbereich der BMI-Werte von Frauen für verschiedene Altersgruppen. Aus der Tabelle lässt sich schließen, ab wann nach medizinischem Ermessen Übergewicht bzw. Untergewicht vorliegt.
Da Männer in der Regel einen höheren Anteil von Muskelmasse an der Gesamtkörpermasse haben, ist ihr BMI ein wenig höher als der von Frauen [BMI (Mann) ≈ BMI (Frau) +1].

Alter	BMI
19–24 Jahre	19–24
25–34 Jahre	20–25
35–44 Jahre	21–26
45–54 Jahre	22–27
55–64 Jahre	23–28
>64 Jahre	24–29

Übergewicht belastet den Körper zusätzlich

Gerade wenn die körperliche Bewegungsfähigkeit eingeschränkt ist, kann der geringere Kalorienverbrauch schnell zu überflüssigen Pfunden führen. Das Körpergewicht steigt, weil der Betroffene dem Körper mehr Energie in Form von Kalorien zuführt, als er verbrauchen kann. In diesem Fall nimmt er an Gewicht zu.
Übergewicht belastet nicht nur zusätzlich Muskeln, Sehnen und Gelenke und schränkt damit weiter die Mobilität ein, es mindert auch das psychische Wohlbefinden und kann dauerhaft zu schweren Folgeerkrankungen wie Diabetes, Stoffwechselstörungen und Herz-Kreislauferkrankungen führen.
Zur Prophylaxe von Übergewicht wird ein gesunder Lebensstil mit regelmäßiger körperlicher Bewegung, regelmäßigen Mahlzeiten und einer fettarmen, stärke- und ballaststoffreichen Ernährung empfohlen.

Ernährung planen bei MS

Bei der Ernährungsplanung ist weniger die tägliche Zufuhr der einzelnen Nährstoffe entscheidend, sondern die **Wochenbilanz**. Wenn Sie an einem Tag nicht alle Empfehlungen beachten können, ist ein Ausgleich ohne Probleme in der restlichen Woche möglich. Eine ausgewogene Ernährung, die Ihnen weiterhilft, ermöglicht auch Ihrer Familie eine rundum gesunde Lebensweise. Und wenn alle bei einer leckeren und gesunden Mahlzeit am Tisch zusammensitzen, gehört Kochen zu Ihren Erfolgserlebnissen im Alltag.
Tipp: Planen Sie Ihren Wocheneinkauf genau und schreiben Sie genau auf, welche Produkte Sie benötigen. Versuchen Sie alle Nahrungsmittelgruppen zu berücksichtigen.

Salate & Gemüse

Salate & Gemüse leisten einen wichtigen Beitrag für eine gesunde Ernährung. Sie lassen sich leicht in nahrhafte, gesunde und wohlschmeckende Vorspeisen, Hauptgerichte und Beilagen verwandeln. In Blattsalaten, Gemüse und Hülsenfrüchten stecken jede Menge Vitamine und Mineralstoffe.

Salate & Gemüse sind uneingeschränkt empfehlenswert. Als Vorspeise oder als Hauptgericht zubereitet, liefern sie Ballaststoffe und Vitamine, insbesondere Vitamin C und ß-Karotin. Vorsicht ist bei der Auswahl und Zubereitung der Beilagen und Soßen geboten. Oft handeln wir uns hier eine Menge ungesunder Fettsäuren ein. Daher sollten insbesondere die Fette sorgfältig ausgewählt werden.

Hühnerbrüstchen auf Frisée oder Feldsalat und Avocado

Zutaten für 4 Personen

800 g Hühnerbrust
2 Köpfe Frisée oder 200 g Feldsalat
2 Avocados, geschält, entkernt, in Scheiben
4 EL Zitronensaft

Dressing:

Olivenöl
1 kleine Knoblauchzehe, gepresst
Balsamico
Salz und Pfeffer
Senf (Dijonsenf)

Zubereitung:

1. Die Hühnerbrüste salzen und pfeffern, in Olivenöl anbraten und in der Pfanne erkalten lassen.
2. Den Bratensaft für das Salatdressing aufbewahren.
3. Den Salat waschen, schleudern und zerkleinern.
4. Die Hühnerbrüste aus der Pfanne nehmen.
5. In der Pfanne mit dem Bratenfond, Balsamico, Olivenöl, Senf (ca. ½ Teelöffel) und der Knoblauchzehe eine Marinade anrühren, mit Pfeffer und Salz würzen.
6. Den Salat darin schwenken und auf großen Tellern anrichten.
7. Das Hühnerfleisch in dünne Scheiben schneiden und auf dem Salat anrichten.
8. Das Avocadofleisch mit Zitronensaft beträufeln, mit Pfeffer aus der Mühle würzen und auf den Tellern anrichten.

Tipp

Nüsse, verschiedene Samen und Kerne kann man zusätzlich, auch geröstet, über den Salat oder das Gemüse streuen. Sie enthalten Selen und Zink sowie Vitamin E. Nüsse sind fetthaltig, deshalb sollten höchstens 5–6 Kerne pro Portion verwendet werden.

Blattsalatvariation mit unterschiedlichen Dressings

Zubereitung:

1. Salat waschen, schleudern und zerkleinern. Gemüse und Kräuter waschen, putzen und zerkleinern.
2. Dressingzutaten für eines der angegebenen Dressings verrühren und abschmecken.
3. Karotten, Frühlingszwiebeln und Champignons, bzw. Broccoli und Zucchini sofort ins Dressing geben und vermengen.
4. Blattsalate zum Schluss dazugeben und vorsichtig unterheben.
5. Sonnenblumen- und oder Kürbiskerne in einer trockenen Pfanne rösten.
6. Mit Keimlingen oder Sprossen, den gerösteten Kernen und Petersilie garnieren.

Zutaten für 4 Personen

60 g	Karotten, geraspelt
60 g	Frühlingszwiebeln, in Ringen oder
½	Zwiebel, in dünnen Längsstreifen
60 g	Champignons, in Scheiben
300 g	feste Blattsalate, gezupft
50 g	Keimlinge oder Sprossen, Sonnenblumenkerne und/oder Kürbiskerne
½	Bund Petersilie

je nach Geschmack können folgende Zutaten zusätzlich oder alternativ verwendet werden:

60 g	Broccoli, in kleinen Röschen
60 g	Zucchini, grob geraspelt

Buttermilch-Dressing:

130 g	Buttermilch oder Kefir
1 EL	Obstessig
3 EL	Milch (1,5 % Fett)
1 EL	Tomatenmark
½	Zwiebel, gewürfelt
1	Knoblauchzehe, fein gehackt
1 EL	Petersilie, fein geschnitten
½ TL	Meersalz
¼ TL	Kräutersalz
1	Prise Pfeffer

oder **Honigdressing:**

4 EL	Gemüsebrühe
1 TL	Tomatenmark
2 EL	Weißweinessig
½	TL Blütenhonig
70 g	Sauerrahm
1	Knoblauchzehe, fein geschnitten
½	TL Meersalz
1	Prise Pfeffer
1	Prise Koriander

oder **Joghurt-Dressing:**

2 EL	Joghurt
1 EL	süßer Senf
2 EL	Zitronensaft
1 EL	kalt gepresstes Rapsöl
	Pfeffer und Salz

Tipp

Kaltgepresstes Oliven- oder Leinöl, Walnussöl, Sojaöl oder Rapsöl enthält viele ungesättigte Fettsäuren und eignet sich besonders für die Zubereitung von Salaten.

Feldsalat mit Champignons und Radieschen

Zutaten für 4 Personen

150 g Feldsalat, gewaschen
200 g Champignons, geachtelt oder in Scheiben
1 Bund Radieschen, geachtelt oder in Scheiben

Dressing:

2 EL Weißweinessig
1 EL Wasser
2 EL Walnussöl
1 EL neutrales Öl
Salz, Pfeffer

Zubereitung:

1. Salat waschen, schleudern und zerkleinern. Gemüse waschen, putzen und zerkleinern.
2. Alle Dressing-Zutaten verrühren.
3. Das Dressing über den Salat geben und servieren.

Tipp

Durch Zugabe von Nüssen, Käse oder Meeresfrüchten entstehen viele Variationsmöglichkeiten.

Leichte Gemüsesuppe

Zutaten für 4 Personen

1 kleiner Blumenkohl, in Röschen
5 Möhren, in Scheiben
1 kleiner Knollensellerie, in Würfeln
1 Stange Lauch, geschnitten
2 Kohlrabi, in feinen Stiften
1 kleiner Wirsing, (oder Weißkohl), geschnitten
2 L Gemüsebrühe
Salz und Pfeffer
Majoran

Zubereitung:

1. Gemüse waschen, putzen und zerkleinern.
2. Gemüse in 1 EL Öl andünsten, mit Gemüsebrühe übergießen und weich kochen lassen. Mit wenig Salz und Pfeffer würzen, etwas Majoran dazu.
3. Nach Belieben einen Teil der Suppe pürieren und wieder zur restlichen Suppe dazugeben. Nach Bedarf erneut abschmecken.

Zucchini-Tomaten-Pfanne

Zubereitung:

1. Gemüse und Kräuter waschen, putzen und zerkleinern.
2. Den Knoblauch mit den Frühlingszwiebeln bzw. der Zwiebel im Öl glasig dünsten.
3. Tomaten und Zucchini dazugeben und einige Minuten garen.
4. Das Gemüse salzen, pfeffern und mit den Kräutern bestreuen.
5. Dazu passt Knoblauchbaguette oder Pellkartoffeln

Zutaten für 4 Personen

400 g Zucchini, in Scheiben
300 g Tomaten, geachtelt
5 Frühlingszwiebeln, geschnitten oder
1 Zwiebel, gehackt
1–2 Knoblauchzehen, gepresst
2 EL Olivenöl
Salz, Pfeffer
1 EL Oregano, fein gehackt
1 EL Basilikum, fein gehackt

Dieses Gericht kann mit folgenden zusätzlichen Zutaten als Auflauf variiert werden:

500 g Tomaten, geachtelt
200 g Zucchini, in Scheiben
300 g Mozzarella, in Scheiben
100 g Parmesan, frisch gerieben
Basilikum nach Geschmack, fein gehackt
1 TL Gemüseextrakt

Zubereitung:

6. wie Schritt 1 und 2. für die Zucchini-Tomaten-Pfanne.
7. Dann Tomaten und Gemüseextrakt dazugeben und einige Minuten köcheln.
8. Zucchini in wenig Öl anbraten, mit Salz und Pfeffer würzen.
9. In eine Auflaufform die Hälfte der Tomatensauce geben, darauf die Hälfte der Zucchinischeiben und abschließend die Hälfte der Mozzarellascheiben verteilen. Mit Basilikum bestreuen. In der gleichen Reihenfolge die restlichen Zutaten schichten. Die letzte Schicht dick mit Parmesan abdecken.
10. Bei 180–200 Grad etwa 30 Minuten backen.

Tipp

Frisches Gemüse wird das ganze Jahr über in großer Auswahl angeboten. Gemüse steht ebenso wie Salat für vielseitigen Genuss und vollwertige Ernährung. Salate & Gemüse sollten nach Saison ausgewählt werden, so schmecken sie am besten und enthalten die meisten Vitamine.

Kartoffeln

Die Kartoffel ist ein wichtiges Grundnahrungsmittel und liefert einen wertvollen Beitrag zu einer ausgewogenen Ernährung.

Gekochte Kartoffeln beinhalten reichlich leicht verdauliche Stärke und sind somit ein wichtiger Energielieferant. Sie sättigen, sind aber keine Dickmacher. Das Eiweiß der Kartoffel ist im Vergleich zu anderen pflanzlichen Lebensmitteln besonders hochwertig.

Kartoffeln sind reich an Vitaminen und Mineralstoffen sowie sekundären Pflanzenstoffen. Sie bekämpfen Bakterien, Viren und Pilze, senken den Cholesterinspiegel, wirken gegen Entzündungen und beeinflussen positiv den Blutzuckerspiegel oder die Immunreaktionen des Körpers.

Bei den Mineralstoffen ist der hohe Kaliumgehalt hervorzuheben. Kalium ist u. a. zuständig für die normale Erregbarkeit von Muskeln und Nerven, regelt den Wasserhaushalt und wirkt blutdrucksenkend. Außerdem ist der hohe Vitamin C Gehalt der Kartoffel besonders nennenswert. Vitamin C ist ein wichtiges Antioxidanz. Es stärkt u. a. das Immunsystem und ist am Aufbau von Zähnen, Knochen, Bindegewebe und Blut beteiligt.

Die Kartoffel ist in Kombination mit Gemüse oder auch Fisch ein ideales Nahrungsmittel für eine entzündungshemmende Ernährung.

Bunter Kartoffelsalat

Zutaten für 4 Personen

800 g	gekochte fest kochende Kartoffeln, gepellt und in Scheiben
2	Eier, hart gekocht, gepellt und geviertelt
ca. 120 g	kleine Schlangengurken, in Würfeln
2	Tomaten (ca. 100 g), in Würfeln
1	kleiner Apfel, in Würfeln

Dressing:

4 EL	Apfelessig
3 EL	kalt gepresstes Distelöl
150 ml	Wasser
1–2 EL	mittelscharfer Senf
	Salz und Pfeffer
	frische Petersilie und Schnittlauch

Zubereitung:

1. Kartoffeln und Gemüse waschen, putzen und zerkleinern.
2. Die noch warmen Kartoffeln in eine Schüssel geben.
3. Essig, Öl, Wasser, Senf sowie etwas Salz und Pfeffer zu einem Dressing verrühren und auf die Kartoffeln gießen.
4. Tomaten, Apfel- und Gurkenwürfel untermengen und ein paar Minuten ziehen lassen.
5. Kräuter hacken, in den Salat geben und abschmecken.
6. Eier auf dem Salat verteilen.

Tipp

Je nach Gericht und Zubereitungsart eignet sich die eine oder andere Sorte besser. Da jede Kartoffel eigene Kocheigenschaften hat, werden zur Orientierung beim Einkauf „Kochtypen“ angegeben: festkochend, vorwiegend festkochend, mehligkochend.

Gebackene Kartoffeln auf zwei verschiedene Arten mit unterschiedlichen Dips

Zubereitung:

1. Kartoffeln, Gemüse und Kräuter waschen, putzen und zerkleinern.
2. Variante 1: Die ungeschälten Kartoffeln mit der flachen Seite auf ein geöltes und mit grobem Meersalz bestreutes Backblech legen
   oder Variante 2: Die geschälten Kartoffeln in einer Schüssel gut mit Öl, Paprikapulver, Salz und Pfeffer mischen und dann auf ein mit Backpapier ausgelegtes Backblech legen.
3. Bei 180 °C ca. 30–40 Min. backen.
4. Zutaten für den Dip vermischen und abschmecken
   Dazu passt Salat.

Zutaten für 4 Personen

1 kg	Kartoffeln mit Schale, halbiert oder geschält und in Spalten
	Meersalz
	Pfeffer
evtl. 2 EL	Rapsöl
evtl. 2 TL	Paprikapulver (edelsüß)

Sesam-Dip:

150 g	Sesampaste (Tahin)
	etwas Meersalz
½	Bund Petersilie, fein gehackt
	Saft einer Zitrone
2	Knoblauchzehen, gepresst

oder Gemüse-Quark-Dip:

2	Mini-Salatgurken (oder ½ Salatgurke, ca. 250 g) gewürfelt
8	Radieschen, gewürfelt
400 g	Magerquark
150 ml	Milch (1,5 % Fett)
½	Bund Petersilie, fein gehackt
½	Bund Schnittlauch, fein geschnitten
2 EL	Zitronensaft
½ TL	gemahlener Kümmel

Tipp

In den beliebten Pommes frites und Kartoffelchips ist praktisch nichts mehr von den gesunden Vitaminen übrig. Ernährungswissenschaftler raten, Kartoffeln ungeschält zuzubereiten und zu essen bzw. die Schale erst nach dem Kochen zu entfernen. Das erhöht den Ballaststoffanteil bzw. Nährstoffgehalt, denn viele wertvolle Vitamine und Mineralstoffe befinden sich unmittelbar unterhalb der Schale.

Kartoffelgratin in drei verschiedenen Variationen

Zutaten für 4 Personen

800 g	Kartoffeln, geschält und in Scheiben
je ½	Bund Thymian und Basilikum, fein gehackt
1	Zweig Rosmarin, gezupft
1	Knoblauchzehe, fein gehackt
2 EL	Olivenöl
	Salz, Pfeffer,
evtl.	Muskatnuss
250 ml	Milch (1,5 % Fett)
2 EL	saure Sahne
	etwas Margarine
100–200 g	geriebener Käse

Zubereitung:

1. Kartoffeln und Kräuter waschen, putzen und zerkleinern.
2. Ofen auf 200 Grad vorheizen und Kartoffeln in eine gefettete Auflaufform schichten.
3. Knoblauch im Öl anbraten und Kräuter zufügen, erhitzen, würzen.
4. Milch und saure Sahne verrühren, Kräutermischung zufügen und mit Salz, Pfeffer und Muskatnuss abschmecken
5. Masse über die Kartoffln geben. Mit Käse bestreuen und im Ofen ca. 60 Min. backen, evtl. mit Kräutern garnieren.

Dieses Gericht kann mit folgenden zusätzlichen Zutaten als Kartoffel-Möhren-Gratin serviert werden:

500 g	Bundmöhren, große Möhren längs halbiert
2	Zwiebeln, geschält und in Scheiben

Abwandlung: Anstelle der Möhren können auch andere Gemüsesorten verwendet werden, z. B. Blumenkohl, Kohlrabi, weiße Rübchen, Steckrüben, Tomaten oder Broccoli.

Zubereitung:

1. Kartoffeln und Gemüse waschen, putzen und zerkleinern.
2. Möhren in kochendem Wasser kurz blanchieren, anschließend abschrecken und abkühlen lassen.
3. Die Zwiebeln in der Butter glasig dünsten, dann die Kartoffelscheiben dazugeben und etwa 5 Minuten mitdünsten.
4. Milch und saure Sahne verrühren, würzen und unter die gegarten Kartoffeln rühren. Diese Mischung in eine gefettete Auflaufform geben.
5. Die Möhren gleichmäßig auf den Kartoffelscheiben verteilen und das Ganze mit dem geriebenen Käse bestreuen.
6. Den Auflauf im vorgeheizten Backofen bei 180 °C etwa 15 Minuten auf der mittleren Schiene überbacken.

Zubereitung:

1. Kartoffeln, Gemüse und den Apfel waschen, putzen, zerkleinern.
2. Lauch und Kartoffeln in eine gefettete Auflaufform schichten, mit Salz und Pfeffer würzen.
3. Milch und saure Sahne verrühren und mit Pfeffer, Salz, Muskat und Kräutern würzen und über den Auflauf geben.
4. Geriebenen Käse, Sonnenblumenkerne und Apfelwürfel miteinander mischen und mit einer Prise Pfeffer abschmecken.
5. Apfelmasse auf dem Gratin verteilen und mit Margarineflöckchen belegen.
6. Bei 200 Grad eine gute Stunde backen, bis die Kartoffeln bissfest sind.Wird die Oberschicht zu braun, eventuell abdecken.

Dazu passt: frischer Salat.

Eine weitere Variante ist das Gratin mit Apfelkäsekruste. Hierfür werden folgende zusätzliche Zutaten benötigt:

1	Stange Lauch, geschnitten
1	säuerlicher Apfel, geschält und gewürfelt
2 EL	Sonnenblumenkerne

Tipp

Ähnlich wie Gemüse sollten auch Kartoffeln nicht zu lange im Wasser liegen, weil sonst wichtige Mineralstoffe und Vitamine ausgeschwemmt werden. Sie können Kartoffeln in wenig Wasser garen, am besten in einem Siebeinsatz über Dampf oder mit etwas Fett im Backofen.

Kartoffelsuppe

Zutaten für 4 Personen

600 g	Kartoffeln, gewürfelt
1	Zwiebel, gewürfelt
1	Knoblauchzehe, fein gehackt
1	kleine Porreestange, geschnitten
2	Möhren, gewürfelt
50 g	Margarine
1 L	Gemüsebrühe
200 g	geriebener Käse (z. B. Emmentaler)
	Salz
	Pfeffer
	Muskat
	etwas frischer Majoran
	etwas Petersilie, fein gehackt
4	Scheiben Baguette, geröstet

Zubereitung:

1. Kartoffeln, Gemüse und Kräuter waschen, putzen und zerkleinern.
2. Die Kartoffeln und das Gemüse mit dem Knoblauch in der Margarine anschwitzen.
3. Die Gemüsebrühe aufgießen und etwa 20–30 Minuten kochen lassen.
4. Die Hälfte des Käses zugeben und alles sämig rühren, dabei mit den Kräutern und Gewürzen abschmecken.
5. Die Kartoffelsuppe in einer feuerfesten Form anrichten.
6. Die Brotscheiben mit dem restlichen Käse bestreuen und in die Suppe legen.
7. Im Ofen bei etwa 200 Grad 5 Minuten backen.

Nudeln

70 % der in Deutschland produzierten Nudelsorten enthalten Ei. Aufgrund des hohen Gehalts an entzündungsfördernden Stoffen sind Eiernudeln nicht empfehlenswert. Deshalb ist der Eigehalt ist ein wichtiges Kriterium beim Einkauf, ebenso wie das verwendete Getreidemahlerzeugnis. Bezüglich des Kohlenhydrat-, Fett- und Proteingehalts bestehen keine gravierenden Unterschiede zwischen den im käuflichen Produkten.

Nach Art und Mengenanteilen unterscheidet man:

- Hartweizen-, Dinkel- und Roggen-Teigwaren
- Mehrkorn-Teigwaren (mind. 3 Mahlerzeugnisse)
- Vollkorn-Teigwaren

Viele italienische Nudeln werden ohne Eier aus Hartweizengrieß hergestellt. Sie stellen eine gute Alternative dar. Der hochwertige Hartweizen ist eine spezielle Weizenzüchtung, die weniger Stärke, aber mehr Eiweiß als normaler Weizen enthält. Dadurch bleiben die Nudeln nach dem Kochen schön fest im Biss. Die Hartweizengrieß-Nudeln enthalten nicht nur weniger Cholesterin, sondern sind auch frei von Arachidonsäure.

Bei Vollkornnudeln liegt der ernährungsphysiologische Vorteil im Vergleich zu herkömmlichen Nudeln im höheren Ballaststoffgehalt. Außerdem haben Vollkornnudeln einen höheren Gehalt an Vitaminen (Vitamin B1, B2) und an Mineralstoffen (Magnesium, Eisen).

Italienischer Nudelsalat

Zutaten für 4 Personen

250 g	Bandnudeln, „al dente“ gekocht
400 g	aromatische Tomaten, gewürfelt
½	Salatgurke, geschält, in dünnen Scheiben
50–100 g	schwarze Oliven, entkernt, geschnitten
½ Bund	Frühlingszwiebeln, in Ringe geschnitten
½ Bund	Basilikum, gehackt

je nach Geschmack können folgende Zutaten zusätzlich oder alternativ verwendet werden:

Rucola
Mozzarella
Schnittlauch

Rotwein-Essig-Dressing:

Olivenöl
Salz, Pfeffer
Knoblauch, gepresst

oder **Nussöl-Dressing:**

	Saft ½ Zitrone
2 EL	Nußöl
	Salz
	Pfeffer

Zubereitung:

1. Gemüse und Kräuter waschen, putzen und zerkleinern.
2. Alle Dressing-Zutaten verrühren.
3. Die noch lauwarmen Nudeln in das Dressing geben und vermischen.
4. Tomaten, Gurken, Oliven und Frühlingszwiebeln hinzufügen und untermischen, ca. ½ Std. ziehen lassen.
5. Basilikum unter den Salat geben und abschmecken.

Tipp

Nudeln gibt es in vielen unterschiedlichen Formen, Farben und Geschmacksrichtungen. Die Verwendung von Gemüse und Kräutern sorgt bei der Nudelherstellung für ausgefallenen Geschmack und besondere Farben. So entstehen z. B. rote Nudeln, wenn bei ihrer Herstellung Tomaten verwendet werden und grüne, wenn Spinat verwendet wird.

Nudeln mediterran

Zubereitung:

1. Gemüse und Kräuter waschen, putzen und zerkleinern.
2. Margarine in einer großen beschichteten Pfanne erhitzen und Zwiebeln und Honig zugeben.
3. Die Zwiebeln bei mittlerer Hitze in etwa 10 Minuten glasig dünsten.
4. Nach 3 Minuten die Zucchiniwürfel zugeben und mit garen.
5. Inzwischen die Nudeln nach Packungsangabe in kochendem Salzwasser bissfest garen.
6. Etwa 4 EL vom Nudelkochwasser abnehmen und zu den Zwiebeln geben.
7. Pfanne vom Herd ziehen, Essig, Olivenöl, Kapern, Thymian unterrühren, salzen und pfeffern.
8. Nudeln abgießen, mit der Sauce vermischen.
9. Mit geriebenem Parmesan bestreuen.

Zutaten für 4 Personen

4	rote Zwiebeln, geschält und in Streifen
1	Zucchini, in Würfeln
1 EL	Kapern aus dem Glas, abgetropft
2 EL	Margarine
1 EL	Honig
500 g	Bandnudeln
	Salz und Pfeffer
1	Zweig Thymian, gezupft
2 EL	Essig, Weißweinessig
2 EL	Olivenöl
	Parmesan nach Belieben

Tipp

Forschungen haben ergeben, dass Nudeln einen stressmindernden Effekt ausüben und durch den hohen Gehalt der Kohlenhydrate hervorragend für Sportler geeignet sind. Tatsächlich wird beim Verzehr – gleich dem Sprichwort „Nudeln machen glücklich“ – das Hormon Serotonin freigesetzt, das als Stimmungsaufheller wirkt.

Bunte Gemüsenudeln

Zutaten für 4 Personen

6	kleine Möhren (ca. 400 g), in dünnen Streifen
2	kleine Zucchini (ca. 400 g), in dünnen Streifen
2	Stangen Lauch (ca. 250 g), geschnitten
300 g	Nudeln
4 EL	Olivenöl
	Salz
	Pfeffer
250 ml	klassische Gemüsebrühe
300 ml	Sojacreme
2	Prisen Safranfäden
	Kerbel nach Belieben

Zubereitung:

1. Gemüse und Kräuter waschen, putzen und zerkleinern.
2. Nudeln nach Packungsanleitung in reichlich kochendem Salzwasser bissfest garen.
3. Inzwischen Öl in einer Pfanne erhitzen und Möhren und Zucchini darin bei mittlerer Hitze ca.1 Minute unter Rühren dünsten.
4. Lauch dazugeben und ca. 1 weitere Minute dünsten, mit Salz und Pfeffer würzen.
5. Gemüsebrühe, Sojacreme und die Safranfäden dazugeben und aufkochen.
6. Bei mittlerer Hitze 2–3 Minuten cremig einkochen lassen.
7. Nudeln abgießen, gut abtropfen lassen, in die Pfanne geben, mit dem Gemüse mischen und erneut würzen.
8. Auf Teller geben und nach Belieben mit etwas Kerbel bestreut servieren.

Nudeltorte

Zubereitung:

1. Gemüse und Kräuter waschen, putzen und zerkleinern.
2. Linsen in der Gemüsebrühe binnen 8 Minuten bissfest garen.
3. Champignons, Lauch und Karotten zusammen mit dem Spinat im Öl kurze Zeit in der Pfanne bei milder Hitze andünsten.
4. Mit Pfeffer und Salz abschmecken.
5. Die Bandnudeln in 4 cm lange Abschnitte schneiden.
6. Eier mit Milch, Kräutern und Käse vermischen.
7. Alle Zutaten miteinander vermischen und in eine Kuchenform geben.
8. Mit restlichem Käse bestreuen.
9. Auf der mittlerer Schiene 25 bis 30 Minuten backen.

Dazu passt ein gemischter Blattsalat.

Zutaten für 4 Personen

100 g	(rote) Linsen
125 ml	Gemüsebrühe
125 g	Champignons, in Scheiben
100 g	Lauch, geschnitten
1	Karotte, in Streifen
200 g	junger Blattspinat
1 EL	kalt gepresstes Rapsöl
	Pfeffer und Salz
250 g	gekochte Bandnudeln
4	Eier
100 ml	Milch (1,5 % Fett)
2 EL	Petersilie, fein gehackt
2 EL	Liebstöckel, fein gehackt
2 EL	Thymian, fein gehackt
100 g	geriebener Käse, z. B. Emmentaler

Tipp

Nudeln sollen trocken und dunkel aufbewahrt werden. Zum Kochen nehmen Sie ausreichend sprudelnd kochendes Wasser. Während des Kochens rühren Sie mehrfach um. Zwischendurch probieren Sie, ob die Nudeln „al dente“ – also bissfest – sind. Nudeln werden am besten sofort nach dem Kochen und Abgießen serviert, sonst kleben sie zusammen und werden weich.

Reis

Reis ist ein wichtiges Grundnahrungsmittel. Er ist Lieferant für Stärke, Ballaststoffe, Vitamine (B-Vitamine, Niacin) und Mineralstoffe (Magnesium, Kalium, Eisen, Zink). Außerdem enthält er wichtige Spurenelemente wie Selen. Der Proteingehalt ist, mit Ausnahme vom Wildreis, im Vergleich zu den anderen Getreidesorten recht niedrig.

Der Nährstoffgehalt an Vitaminen, Mineralstoffen und Ballaststoffen hängt sehr stark von der Verarbeitung ab.

Braunreis oder auch Vollkornreis ist ungeschält und weist den höchsten Gehalt an Vitaminen und Ballaststoffen auf. Beim Parboiled Reis werden bei der Verarbeitung die wichtigsten Vitamine und Mineralstoffe in das Innere des Korns gepresst und bleiben so zum größten Teil (80 %) erhalten. Allerdings ist der Ballaststoffgehalt gering.

Reis ist für eine gesunde Ernährung empfehlenswert.

Paella mit Hähnchen

Zutaten für 4 Personen

4	Hähnchenbrustfilets (ca. 600 g)
2 TL	Paprikapulver (rosenscharf)
3 EL	Olivenöl
2	Zwiebeln, fein gehackt
2	Knoblauchzehen, fein gehackt
2	gelbe Paprikaschoten (ca. 400 g), gewürfelt
	Salz
200 g	Paellareis
2	Prisen Safranfäden
2 EL	Paprikapulver (edelsüß)
800 ml	Geflügelbrühe
150 g	Erbsen (tiefgekühlt)
	Pfeffer
4	Frühlingszwiebeln, geschnitten
2	unbehandelte Zitronen, in Stücke geschnitten

Zubereitung:

1. Gemüse und Zitronen waschen, putzen und zerkleinern.
2. Hähnchenbrustfilets waschen, trocknen und in 3 x 3 cm große Stücke schneiden.
3. Rosenscharfes Paprikapulver mit 1 TL Öl mischen und die Hähnchenstücke darin wenden.
4. Mit Frischhaltefolie bedeckt im Kühlschrank mindestens 20 Minuten ziehen lassen (marinieren).
5. Restliches Öl in einer ofenfesten Pfanne erhitzen.
6. Hähnchenstücke im heißen Öl rundherum kurz anbraten, herausnehmen, salzen und beiseite stellen.
7. Paprika, Zwiebel und Knoblauch in die Pfanne geben und bei mittlerer Hitze farblos andünsten.
8. Reis dazugeben, mit Safran und edelsüßem Paprikapulver bestäuben, kurz andünsten.
9. Mit der Brühe auffüllen und zum Kochen bringen.
10. Hähnchenstücke und Erbsen zufügen, mit Salz und Pfeffer würzen und kurz umrühren.
11. 25 Minuten auf dem Backofenrost im vorgeheizten Backofen bei 180 °C (Umluft nicht empfehlenswert, Gas: Stufe 2–3) auf der untersten Schiene von unten garen.
12. Paella am Ende der Garzeit mit Frühlingszwiebeln bestreuen und mit den Zitronenstücken servieren.

Tipp

Die Sortenauswahl an Reis ist groß. Für die Farbe des Reises sind der Ausmahlungsgrad und die Politur sowie der Reifegrad des Getreides verantwortlich. Neben weißem Reis gibt es auch roten, schwarzen, braunen und grünen.

Garnelen-Bratreis mit Gemüse und Cashewkernen

Zubereitung:

1. Gemüse und Kräuter waschen, putzen und zerkleinern.
2. Den Reis nach Packungsanleitung in Salzwasser garen.
3. Ei und Sojasauce in einer Schüssel verquirlen.
4. Die Eimischung in einer Pfanne in 1 TL heißem Öl braten, herausnehmen und mit 2 Gabeln in kleine Stücke zerteilen.
5. Pfanne auswischen und restliches Öl in der Pfanne erhitzen.
6. Knoblauch, Ingwer, Paprika- und Möhrenstreifen dazugeben, unter häufigem Wenden 2–3 Minuten braten.
7. Den Reis abgießen und abtropfen lassen.
8. Reis und Mungobohnensprossen zum Gemüse geben und weitere 2–3 Minuten braten.
9. Garnelen und Ei unter den Reis mengen und alles nochmals gut erhitzen.
10. Mit Salz, Pfeffer und nach Belieben würzen.
11. Korianderblättchen mit den Cashewkernen über den Reis streuen und mit Limettenstücken garnieren.

Zutaten für 4 Personen

150 g	Vollkornreis
	Salz
4	Möhren (ca. 300 g), in Streifen
2	gelbe Paprikaschoten, in Streifen
40 g	Cashewkerne, gehackt
8	Stiele Koriander, Blätter abgezupft
2	Stück Ingwer (ca. 60 g), geschält und gerieben
100 g	Mungobohnensprossen, abgetropft
4	Knoblauchzehen, gepresst
4	unbehandelte Limetten, in Stücke geschnitten
2	Eier
2 TL	Sojasauce
3 EL	Öl
150 g	Tiefseegarnelen, geschält und gekocht
	Pfeffer

Tipp

Reis sollte trocken, luftig, dunkel und frei von Fremdgerüchen gelagert werden – am besten in der Originalverpackung. In luftdichten Gläsern oder Dosen wird er mit der Zeit muffig. Bei richtiger Lagerung hält sich weißer Reis zwei Jahre. Braunreis sollte nicht so lange aufbewahrt werden, da er im Keim Fett enthält und mit der Zeit ranzig wird. Gekochter Reis muss kühl gelagert werden.

Gemüse-Reissalat

Zutaten für 4 Personen

200 g	Langkornreis
200 g	Möhren, in Streifen
200 g	Zuckerschoten, in Streifen
4	Frühlingszwiebeln, geschnitten
1	Bund Kerbelblätter, fein gehackt
100 g	fettarmer Kochschinken, in Streifen
Dressing:	
4 EL	Weißweinessig
4 TL	Öl
	Salz
	Pfeffer

Zubereitung:

1. Gemüse und Kräuter waschen, putzen und zerkleinern.
2. Langkornreis nach Packungsanleitung garen.
3. Möhren, Zuckerschoten und Frühlingszwiebeln die letzten 5 Min. zum Reis geben und zu Ende garen.
4. Weißweinessig mit Salz, Pfeffer und Öl zu einem Dressing verquirlen.
5. Reis und Gemüse abgießen, abschrecken und mit der Sauce mischen.
6. Kerbel und Kochschinken untermischen und mit Salz und Pfeffer kräftig würzen.

Tipp

Beim Kochen gehen viele Vitamine, Mineralstoffe und lösliche Ballaststoffe ins Kochwasser über. Daher sollte das Wasser nicht abgegossen werden, sondern Reis und Wasser so dosiert werden, dass das Kochwasser vom Reis möglichst komplett aufgesogen wird. Eine besondere Geschmacksnote bekommt der Reis, wenn man ihn in Gemüsebrühe oder trockenem Wein ausquellen lässt.

Reiskuchen mit Zucchini und Rucola

Zubereitung:

1. Gemüse und Kräuter waschen, putzen und zerkleinern.
2. 1–2 EL Öl in einer Pfanne erhitzen und die Zwiebel darin glasig dünsten, beiseite stellen.
3. Die Eier verquirlen und mit Salz und Pfeffer würzen. Reis mit Zucchini, Rucola und Zwiebel mischen.
4. Die Eier, Mehl und Parmesan unterheben und mit Salz und Pfeffer nachwürzen.
5. Eine Springform mit Butter einfetten und die Reismasse hineingeben.
6. Im vorgeheizten Backofen bei 200 °C ca. 40 Min. goldbraun backen.
7. Etwas auskühlen lassen, in Stücke schneiden und mit Rucola garniert servieren.

Zutaten für 4 Personen

(Für 1 Springform von 26 cm Durchmesser)

500 g	gekochter Reis
3	Zucchini, fein gerieben
1	Bund Rucola, fein gehackt
3	Eier
2 EL	Mehl
	Salz
	Pfeffer aus der Mühle
1	Zwiebel, fein gehackt
	Olivenöl
3 EL	geriebener Parmesan
	Margarine für die Form

Fleisch & Tofu

Ausschließlich in tierischen Produkten findet sich die mehrfach ungesättigte Fettsäure Arachidonsäure. MS-Kranke reagieren besonders sensibel auf eine Ernährung mit hohem Arachidonsäureanteil. Tierische Produkte liefern jedoch auch hochwertiges Eiweiß und sind eine sehr gute Quelle für Eisen. Sie sollten daher nicht komplett auf Fleisch verzichten. Die Deutsche Gesellschaft für Ernährung empfiehlt nicht mehr als 2 Fleischmahlzeiten und 2 Eier pro Woche. Untersuchungen haben gezeigt, dass eine begrenzte Aufnahme von Arachidonsäure nicht zur Bildung von Entzündungsvermittlern führt.

Bei der Zubereitung von Fleischgerichten sollten Sie möglichst mageres Fleisch wie Rinderfilet, Muskelfleisch oder Geflügelfilet verwenden. Dieses enthält am wenigsten Arachidonsäure. Auf Speck, fettes Fleisch, Innereien und Wurstwaren (Wiener Würstchen) sollten Sie möglichst verzichten, da sie besonders reich an Arachidonsäure sind.

Tofu wird aus Sojabohnen hergestellt und kann Fleisch in vielen Mahlzeiten ersetzen. Wie andere Sojaprodukte ist Tofu ernährungsphysiologisch hochwertig: Er liefert die für den Menschen lebensnotwendigen Eiweißbausteine (essenzielle Aminosäuren) in einem fast idealen Mengenverhältnis. Der Fettanteil (ca. 5 %) ist gering, aber hochwertig. Den größten Anteil haben die wünschenswerten mehrfach ungesättigten Fettsäuren. Tofu ist reich an Vitaminen und Mineralstoffen (vor allem Kalium, Kalzium, Magnesium).

Rinderfilet mit Tomaten, Pinienkernen und Knoblauch

Zutaten für 4 Personen

1	Bund Oregano, gehackt
	grobes Meersalz
6 EL	Olivenöl
50 g	Pinienkerne
4	Knoblauchzehen, in feinen Scheiben
3	Schalotten, ca. 75 g, in feinen Streifen
700 g	Rinderfilet, aus dem Mittelstück
350 g	Kirschtomaten, ganz aber ohne Stielansätze
50 g	Sultaninen
	Pfeffer

Tipp

Entfernen Sie Haut und überschüssiges Fett vor der Zubereitung.

Zubereitung:

1. Gemüse und Kräuter waschen, putzen und zerkleinern.
2. Oreganoblätter in einem Mörser mit einer kräftigen Prise Salz zu einer Paste zerreiben, mit 4 EL Olivenöl mischen und bei Zimmertemperatur ziehen lassen.
3. Die Pinienkerne in einer Pfanne ohne Fett leicht rösten.
4. Das Rinderfilet in 12 dünne Scheiben schneiden.
5. Das restliche Olivenöl in einer großen beschichteten Pfanne erhitzen.
6. Die Knoblauchscheiben darin bei mittlerer Hitze goldgelb anbraten, dann durch ein Sieb abschütten und das Öl auffangen.
7. Das Knoblauchöl in der Pfanne erhitzen, und die Fleischscheiben darin bei starker Hitze pro Seite jeweils 1–2 Minuten anbraten.
8. Das Fleisch im vorgeheizten Backofen bei ca. 100 °C warm halten.
9. Tomaten kalt abspülen und mit den Schalotten in die Pfanne geben und bei mittlerer Hitze etwa 3 Minuten anbraten, bis die Tomaten weich werden, aber nicht zerfallen.
10. Sultaninen, Knoblauch und Pinienkerne dazugeben, mit Salz und Pfeffer würzen.
11. Das Fleisch auf eine Platte geben und das Tomatengemüse darüber verteilen.
12. Mit dem Oregano-Öl beträufeln und mit etwas grobem Salz bestreut servieren.

Dazu passen Röstkartoffeln

Gebeiztes Rinderfilet

Zubereitung:

1. Kräuter waschen und zerkleinern.
2. Olivenöl erhitzen, das Rinderfilet von allen Seiten anbraten und auf einem Teller auskühlen lassen.
3. Mit dem groben Senf von allen Seiten gut einstreichen, mit Meersalz und Pfeffer bestreuen.
4. Die Kräuter um das Rinderfilet herum verteilen.
5. Das Fleisch erst in Klarsichtfolie, anschließend in Alufolie straff, aber nicht zu fest, einwickeln und über Nacht im Kühlschrank marinieren.
6. Wasser in einem Topf auf 70 °C erwärmen (mit dem Thermometer kontrollieren) und das Filet in diesem Wasserbad etwa 20 Minuten pochieren.
7. Mit einem Fleischthermometer die Kerntemperatur des Fleisches kontrollieren; damit es medium ist, sollte es mindestens 53 °C haben (Achtung: ab 60 °C wird das Fleisch durch).
8. Anschließend das Filet aus dem Wasserbad nehmen, auf einem Teller mit leicht geöffneter Alufolie auf Zimmertemperatur auskühlen lassen.

Zutaten für 4 Personen

2 EL	Olivenöl
300 g	Rinderfilet
1 EL	Senf, grober
	Meersalz
1	Zweig Thymian, gezupft
1	Zweig Basilikum, gezupft
1	Zweig Rosmarin, gezupft

Tipp

Meiden Sie Speck bei der Zubereitung der Gerichte. Besser sind Kombinationen mit Fisch, da so wichtige Omega-3-Fettsäuren und Selen zugeführt werden.

Putensteaks im Kartoffelmantel

Zutaten für 4 Personen

	4 Putenmedaillons
400 g	Kartoffeln, mehlig kochend
1	Ei
	etwas Salz
	etwas Pfeffer
4 EL	Margarine
1TL	Paprika, edelsüß
	etwas Paprika, rosenscharf
	etwas Paniermehl

Zubereitung:

1. Die Putenmedaillons in 1 TL der Margarine von beiden Seiten je 2 Minuten anbraten.
2. Aus der Pfanne nehmen, salzen, pfeffern und mit etwas Paprika von beiden Sorten bestäuben.
3. Die Kartoffeln schälen, waschen und fein raspeln. Die Hälfte der Kartoffeln mit dem Zauberstab fein pürieren. Die pürierten und die fein geraspelten Kartoffeln vermengen und mit Salz, Pfeffer und Paprika würzen.
4. Das Ei mit der Karoffelmasse vermischen und eventuell mit etwas Paniermehl andicken.
5. Putenmedaillons in den Kartoffelteig hüllen. Die Medaillons sollen komplett vom Kartoffelteig eingeschlossen sein.
6. Die restliche Margarine erhitzen und die Medaillons darin von beiden Seiten je ca. 3 Minuten braun braten.
7. Im Ofen bei 175 °C für weitere 10 Minuten zu Ende garen

Tipp

Der fehlende Eigengeschmack ermöglicht es, dass Tofu jedes Aroma aufnehmen kann, egal ob sauer oder süß, scharf oder mild, er passt sich den verschiedensten Geschmacksrichtungen an.

Kräuter-Tofu-Schnitzel mit Knusper-Panade

Zutaten für 4 Personen

250 g	Kräuter-Tofu, in ca. 1 cm dicken Scheiben
	etwas Mehl
1	mittleres Ei
2 EL	Cornflakes, zerkleinert
3 EL	Paniermehl
	etwas Kräutersalz

Zubereitung:

1. Die zerkleinerten Cornflakes mit dem Paniermehl und dem Kräutersalz mischen.
2. Den Tofu erst in Mehl, dann in Ei und anschließend in der Trockenpanade wälzen.
3. In der Pfanne in etwas Fett goldbraun braten.

Dazu passen Kartoffeln und Gemüse oder Salat.

Tofu-Frikadellen

Zubereitung:

1. Gemüse waschen, putzen und zerkleinern.
2. Zwiebel, Paprika und Tomate mit dem Tofu vermischen.
3. Anschließend das Ei und etwas Paniermehl und/oder Haferflocken dazugeben.
4. Die Zutaten zu einem festen, knetbare und zu Frikadellen formbaren Teig vermischen.
5. Mit Salz, Pfeffer, Chili und Paprika würzen und den Knoblauch in den Teig geben.
6. Den Teig zu kleinen Frikadellen formen, damit sie beim Wenden nicht so schnell auseinander fallen.
7. In Öl braten, bis sie knusprig und braun sind.

Zutaten für 4 Personen

250 g Tofu, zerkleinert
1 große Zwiebel, gewürfelt
1 rote Paprikaschote, gewürfelt
1 Tomate, gewürfelt
1 Ei
Paniermehl und/oder Haferflocken
Sojasauce
Salz und Pfeffer
1 Knoblauchzehe, gepresst
etwas Öl
Paprikapulver und Chilipulver

Die Tofu-Frikadellen können alternativ auch nach folgendem Rezept hergestellt werden:

1. Gemüse und Kräuter waschen, putzen und zerkleinern.
2. Die Margarine in einer Pfanne erhitzen und den zerdrückten Tofu unter Rühren darin braten, bis er gelblich-braun geworden ist.
3. Mit der gekörnten Brühe, den Kräutern, den Haferflocken und dem Ei vermischen.
4. Möhre und Zwiebeln zum Tofu geben und gut vermischen.
5. Mit Salz, Pfeffer (und nach Geschmack auch anderen Gewürzen) und Kräutern abschmecken.
6. Das Öl in einer Pfanne erhitzen.
7. Aus dem Tofuteig kleine, flache Bratlinge formen und im heißen Öl auf jeder Seite ca. 5 Min. braten, bis sie knusprig sind.

Zu Tofu-Frikadellen passt am besten Kartoffelpüree, Salat oder ein Gemüsegericht, z. B. Rotkohl.

Zutaten für 4 Personen

25 g Margarine,
250 g Tofu, zerdrückt
1 Möhre, gerieben
2 mittelgroße Zwiebeln, fein gewürfelt
1 EL Kräuter nach Wahl, fein gehackt
4 EL Haferflocken
1 Ei
Salz und Pfeffer
4 EL Öl zum Braten
etwas gekörnte Brühe

Fisch

Fisch gehört zu den hochwertigsten Nahrungsmitteln überhaupt. Er ist fettarm, eiweiß- und vitaminreich und enthält zudem im Filet meist nur wenig Cholesterin und Kohlenhydrate. Durch den hohen Gehalt an der wertvollen Omega-3-Fettsäure Eicosapentaensäure und dem Spurenelement Selen, ist er für die entzündungshemmende Ernährung von besonderer Bedeutung. Omega-3- Fettsäuren finden sich in besonders hoher Konzentration in den Fettfischarten, wie Aal, Sardine, Makrele, Thunfisch, Lachs und Hering.

Die Omega-3-Fettsäure Eicosapentaensäure verringert die Bildung der Entzündungsstoffe und verdrängt die entzündungsfördernde Arachidonsäure aus dem Gewebe. Zwar enthalten Fische auch Arachidonsäure, diese Anteile sind bei dem hohen Gehalt an Eicosapentaensäure jedoch unbedeutend.

Das essenzielle Spurenelement Selen schützt als Bestandteil von Enzymen vor dem Angriff freier Radikale. Es stärkt das Immunsystem, ist am Stoffwechsel der Schilddrüse beteiligt und bindet schädliche Schwermetalle. Besonders viel Selen ist in Krebs- und Weichtieren, also Muscheln, Austern, Garnelen und Hummer zu finden.

Die Deutsche Gesellschaft für Ernährung empfiehlt mindestens zwei Fischmahlzeiten pro Woche einzuplanen.

Fischfilets mit Mandelkruste auf geschmolzenen Kirschtomaten

Zutaten für 4 Personen

2	Zwiebeln, fein gehackt
2	große Knoblauchzehe, fein gehackt
	abgeriebene Schale von 2 kleinen unbehandelten Zitronen
4 EL	Rapsöl
600 g	Kirschtomaten
150 ml	Weißwein oder Gemüsebrühe
8	EL Mandeln, gemahlen
2	Messerspitzen getrockneter Thymian
	Salz
	Pfeffer
8	Fischfilets (à 75 g)
2	Bund Petersilie, gehackt

Zubereitung:

1. Gemüse und Kräuter waschen, putzen und zerkleinern.
2. Zwiebel und Knoblauch in 1 EL Öl glasig andünsten.
3. Tomaten in den Topf geben und mit Wein oder Gemüsebrühe ablöschen.
4. Zugedeckt bei niedriger Hitze 10 Minuten köcheln lassen.
5. Gemahlene Mandeln mit Thymian und der abgeriebenen Zitronenschale mischen und leicht salzen und pfeffern.
6. Fischfilets abspülen, trocken tupfen und leicht salzen, dann mit einer Seite in die Würzmischung legen und fest andrücken.
7. Restliches Öl in einer beschichteten Pfanne erhitzen.
8. Fisch darin auf der gewürzten Seite bei mittlerer Hitze kurz anbraten, wenden und in eine Auflaufform geben.
9. Im vorgeheizten Backofen bei 200 °C (Umluft: 180 °C, Gas: Stufe 3) etwa 8 Minuten backen.
10. Petersilie unter die Tomaten rühren, mit Salz und Pfeffer würzen und auf 2 Teller geben. Je 2 Fischfilets darauf anrichten und servieren.

Fischfilet mediterran/ Fisch-Gemüse-Pfanne

Zubereitung:

1. Gemüse und Kräuter waschen, putzen und zerkleinern.
2. Die Fischfilets entgräten, waschen und trocken tupfen, mit Zitronensaft beträufeln und ca. 20 Minuten ziehen lassen.
3. 1 EL Öl in einem Topf erhitzen, darin die Banane und die Schalotte mit dem fein gehackten Knoblauch anschmoren.
4. Zucchini, Oliven und/oder die Möhre und den Staudensellerie hinzufügen, etwas später die Tomaten dazugeben und alles kurz andünsten lassen.
5. Anschließend die Zutaten für die Sauce dazugeben und mit Wein (und Gemüsebrühe) ablöschen.
6. Die frischen Kräuter unterheben, nicht mehr kochen lassen und die Sauce mit den Gewürzen abschmecken.
7. Das Fischfilet kleinschneiden, salzen, pfeffern und in Mehl wenden.
8. In einer Pfanne 2 EL Olivenöl erhitzen und die Stücke vorsichtig von beiden Seiten braten bis sie anbräunen.
9. Anschließend das Fisch-Filet in die Gemüsepfanne geben.

Dazu passen Bandnudeln oder Spaghetti.

Zutaten für 4 Personen

500 g	Fischfilet (Rotbarsch, Seelachs, Kabeljau, Scholle)
2 EL	Mehl
3 EL	Olivenöl
300 g	Tomaten, gewürfelt oder Dosentomaten
150 g	Zucchini, gewürfelt
40 g	Oliven gefüllt mit Paprika, in Scheiben geschnitten
1	Banane, fein gewürfelt
1	Schalotte oder Zwiebel (ca. 100–150 g), fein gewürfelt
2–3	rote Knoblauchzehen, fein gewürfelt

Zutaten zusätzlich oder alternativ:

2	Stangen Staudensellerie (ca. 100 g), fein gewürfelt
1	gr. Möhre (ca. 150 g), fein gewürfelt

Rotwein-Sauce:

150 ml	trockener Rotwein
1 EL	Tomatenmark
2	Lorbeerblätter
2	Zweige Rosmarin, gezupft
1 EL	Basilikum, gehackt
	Zucker

oder Weißwein-Sauce:

2 EL	Tomatenmark
30 ml	Weißwein
250 ml	Gemüsebrühe
2 EL	Italienische Kräuter (Basilikum, Oregano, Thymian, fein gehackt
	Salz, Pfeffer, Paprikapulver

Kabeljau in pikanter Sauce

Zutaten für 4 Personen

1 EL getrocknete Steinpilze
1 Stange Bleichsellerie, fein gehackt
1 Bund Petersilie , fein gehackt
1 mittelgroße Zwiebel, fein gehackt
1 mittelgroße Möhre, fein geraspelt
2 Knoblauchzehen, fein gehackt
3 Sardellenfilets (Achtung! Bei eingelegten Sardellen vor der Zubereitung immer das Salz abspülen.)
2 EL Pinienkerne, gehackt
1 EL Kapern, gehackt
4 EL Olivenöl
1 kg Kabeljau am Stück
Meersalz
weißer Pfeffer, frisch gemahlen
1 EL Mehl
eventuell etwas Fleisch- oder Fischbrühe

Zubereitung:

1. Gemüse waschen, putzen und zerkleinern.
2. Steinpilze etwa 30 Minuten in lauwarmem Wasser einweichen lassen, anschließend gut ausdrücken und grob zerkleinern.
3. Sardellenfilets mit einer Gabel zu Brei zerdrücken.
4. In einer feuerfesten Kasserolle das Öl erhitzen und die zerkleinerten Zutaten bei schwacher Hitze darin 10 Minuten braten. Anschließend vom Herd nehmen.
5. Fisch gründlich waschen, trocken tupfen, innen und außen mit Salz und Pfeffer einreiben, in Mehl wenden und in die Kasserolle geben.
6. Angebratenes Gemüse über dem Fisch verteilen.
7. Den Fisch in der verschlossenen Kasserolle im Backofen bei 200 °C etwa 20 Minuten garen und im ausgeschalteten Ofen noch 15 Minuten ziehen lassen. Ab und zu mit der Sauce beträufeln. Falls zu viel Bratenfond verdampft, etwas Brühe dazugießen.

Als Beilage eignen sich am besten Petersilienkartoffeln.

Tipp

Die Qualität von Fisch im Handel ist sehr unterschiedlich. Frischer Fisch duftet wie Meer, nach Jod und Algen. Auch Filets, geräucherter Fisch und Meeresfrüchte dürfen nicht fischig riechen. Frische Fische haben klare und pralle, leicht gewölbte Augen. Metallisch glänzende Haut mit fest sitzenden Schuppen und dunkelrote, elastische Kiemen sind gute Erkennungsmerkmale für frischen Fisch. Alte Exemplare zeigen keine Farbreflexe mehr, die Schuppen lösen sich leicht.

Rotbarschfilet mit Kräuterkruste und Tomaten

Zubereitung:

1. Gemüse und Kräuter waschen, putzen und zerkleinern.
2. Eine Pfanne im heißen Ofen bei 200 °C auf der 2. Schiene von unten 5 Min. erhitzen.
3. Öl darin verteilen und Tomaten, Zwiebeln, die Hälfte des Knoblauchs und Rosmarin dazugeben und mit Salz und Pfeffer würzen
4. 20 Min. im Ofen garen, dabei nach und nach Brühe angießen.
5. Inzwischen den Fisch waschen und trocken tupfen, mit Zitronensaft, Salz und Pfeffer würzen.
6. Petersilie mit Toastbrot, Margarine, übrigem Knoblauch und Rosmarin im Mixer vermischen, mit Salz und Pfeffer würzen, auf den Fischfilets verteilen und gut andrücken.
7. Fischfilets in eine gefettete Form setzen.
8. Nachdem die Tomaten bereits 20 Min im Ofen sind, die Fischfilets auf einem Rost auf der Schiene über den Tomaten in den Ofen schieben und 10–12 Min. garen.
9. Tomaten evtl. nachwürzen und mit dem Fisch servieren.

Zutaten für 4 Personen

750 g	Fleischtomaten, in 1 cm dicken Scheiben
250 g	Zwiebeln, halbiert, in Streifen
2	Rosmarinzweige, gezupft, fein gehackt
2	Knoblauchzehen, fein gehackt
5 EL	Olivenöl
	Salz, Pfeffer
150 ml	Gemüsebrühe
600 g	Rotbarschfilet
1 EL	Zitronensaft
1	Bund glatte Petersilie, grob gehackt
80 g	entrindetes Toastbrot
30 g	weiche Margarine

Tipp

Spülen Sie Fisch unter fließendem Wasser und tupfen Sie ihn mit Küchenkrepp ab. Erst kurz vor dem Zubereiten sollte er gesäubert, gesalzen und gesäuert werden.

Obst

Kernobst, also Äpfel, Birnen, Quitten und Mispeln, hat in Deutschland eine sehr lange Tradition. Beliebt sind in unseren Breitengraden Äpfel und Birnen. Darüber hinaus ist das Obstangebot heute zu jeder Jahreszeit bunt und vielfältig. Selbst im Winter können Sie auf dem Markt Sommerfrüchte oder Exoten frisch erwerben. Dieses Obst wird nach der Ernte bis zum Verkauf kühl gelagert.

Obst zählt wegen seines Gehalts an Vitaminen, Spurenelementen, Fruchtsäuren, Frucht-, Trauben- und Rohrzucker, Aromastoffen und sekundären Pflanzenstoffen zu den wertvollsten Lebensmitteln.

Es enthält die antioxidativ wirksamen Stoffe Vitamin C, Vitamin E und ß-Karotin. Sie helfen die Bildung von entzündungsauslösenden Stoffen zu unterdrücken. Als gesunde Zwischenmahlzeit und in Salaten, Hauptgerichten oder Desserts kann Obst Verwendung finden.

Schon eine Obstmahlzeit täglich leistet einen wertvollen Beitrag zur gesunden Ernährung bei MS.

Buttermilch-Erdbeer-Nachspeise

Zutaten für 4 Personen

250 g	Erdbeeren, püriert
1	Päckchen Gelatine
500 ml	Buttermilch
2 EL	Zitronensaft
	abgeriebene Schale einer unbehandelten Zitrone (½ TL)
3 EL	Zucker
1 TL	Öl

Zubereitung:

1. Erdbeeren waschen, verlesen und zerkleinern.
2. Gelatine nach Packungsvorschrift einweichen.
3. Erdbeeren mit Buttermilch, Zucker, Zitronensaft und -schale verrühren.
4. Gelatine im heißen Wasserbad oder in der Mikrowelle auflösen.
5. Ein Viertel des Gemisches unter die heiße Gelatine rühren und dann mit der gesamten Buttermilch-Mischung vermischen.
6. In mit etwas Öl ausgepinselte Portionsschälchen füllen und kalt stellen. Nach dem Stürzen nach Belieben mit frischen Erdbeeren garnieren.

Tipp

Bei Desserts sollte man fette, Sahne- oder Ei-haltige Zubereitungen vermeiden. Die klassische Nachtisch-Variante ist der gesunde Obstsalat. Auch aus Magerquarkzubereitungen und fettarmem Joghurt lassen sich mit frischem Obst leckere Süßspeisen zaubern.

Beerengrütze mit Haselnüssen

Zubereitung:

1. Obst waschen und verlesen.
2. Die Haselnüsse und den Zucker in einer trockenen Pfanne unter regelmäßigem Rühren rösten.
3. Sobald eine Bräunung sichtbar wird, die Hälfte des Kirschsaftes zugeben und kurz verrühren.
4. Die Pfanne umgehend vom Herd nehmen und die Masse sofort in eine zuvor im Kühlschrank oder Eisfach gekühlte Schüssel umfüllen.
5. Die Früchte unterheben und alles in einem Topf aufkochen lassen.
6. In der Zwischenzeit die Speisestärke mit dem Rest des Kirschsaftes anrühren.
7. Sobald die Fruchtmasse kocht, die angerührte Speisestärke unterrühren. Einmal aufkochen lassen und auskühlen.

Zutaten für 4 Personen

100 g	Brombeeren
100 g	Himbeeren
100 g	schwarze Johannisbeeren
200 g	Kirschsaft
50 g	Zucker
1 EL	Speisestärke
4 EL	gemahlene Haselnüsse

Tipp

Mit Nüssen kann man die Desserts verfeinern und sie mit wichtigen Spurenelementen wie Selen und Zink anreichern. Nüsse sind fetthaltig, so dass sie in Maßen eingesetzt werden sollten.

Apfel-Zwieback-Auflauf mit Schneedecke

Zutaten für 4 Personen

6	Zwieback (Vollkorn)
500 g	Äpfel oder Obst nach Wahl, entkernt und in Scheiben
500 ml	Milch (1,5 % Fett)
3	Eigelb
1 EL	Honig
1	Prise Salz
	Rohrzucker
	Zitronensaft

Für den Belag:

3	Eiweiß
3 EL	Honig oder Himbeermarmelade
	Margarine für die Auflaufform

Zubereitung:

1. Äpfel waschen und zerkleinern, einzuckern und mit etwas Zitronensaft beträufeln.
2. Eine Auflaufform gut mit Margarine bestreichen und mit Zwieback den Boden belegen.
3. Das gezuckerte Obst darauf legen.
4. Eigelb, Honig, Salz und Milch gut verquirlen und das Obst damit übergießen.
5. Den Auflauf nun bei 170 °C (Ober-/Unterhitze) im vorgeheizten Backofen für 25–30 Minuten backen.
6. Das Eiweiß mit dem Honig oder der Himbeermarmelade steif schlagen.
7. Die Schneemasse aufstreichen und den Auflauf nochmals für etwa 20 Minuten überbacken lassen.

Das Rezept ist als Hauptspeise gedacht, als Dessert reicht es für 6 Personen.

Tipp

Nicht empfehlenswert sind Obstkonserven, da durch das Herstellungsverfahren ein Großteil der Inhaltstoffe verloren geht.

Tropischer Obstsalat

Zubereitung:

1. Obst waschen und zerkleinern.
2. Das Obst mit dem Limettensaft und Zucker mischen und 20 Minuten ziehen lassen.
3. Kokosraspel in einer Pfanne ohne Fett hellbraun rösten.
4. Kurz vor dem Servieren Kokosjoghurt und Milch schaumig schlagen.
5. Kokossauce über dem Salat verteilen und mit den gerösteten Kokosraspeln bestreuen.

Tipp

Da Obst bei längerer Lagerung Vitamine verliert, ist frisches Obst zu bevorzugen. Es empfiehlt sich einheimisches Obst zur jeweiligen Erntesaison zu kaufen (Wochenmarkt). Das ist meistens preiswerter und frischer als importierte Ware. Als gute Alternative bietet sich auch Tiefkühlobst an.

Zutaten für 4 Personen

½	Papaya (ca. 200 g), geschält und in Stücken
1	kleine Mango (ca. 300 g), geschält und in Stücken
125 g	Kapstachelbeeren, enthäutet und halbiert
1	mittelgroße Ananas (700 g), in Stücken
1	Kiwi, in Stücken
2–3 EL	Limettensaft
3 EL	Rohrzucker
3 EL	Kokosraspel
150 g	Kokosjoghurt
2 EL	Milch (1,5 % Fett)